AF453691

CIVILISATION

DE

L'AFRIQUE CENTRALE.

A LYON,

CHEZ LAURENT, LIBR., PLACE S. PIERRE, N° 1.

LYON. — IMPR. DE G. ROSSARY,

RUE SAINT-DOMINIQUE, N° 1.

CIVILISATION

DE

L'AFRIQUE

CENTRALE,

OU

APPEL A LA FORMATION D'UNE SOCIÉTÉ
DONT LE BUT SERAIT
DE SUBSTITUER L'INFLUENCE FRANÇAISE A L'INFLUENCE MAURE
DANS LES CONTRÉES DE L'AFRIQUE SITUÉES AU NORD
DE L'ÉQUATEUR.

PAR AIMÉ PEYRÉ,

TRADUCTEUR DES LOIS DES FRANCS.

Nullus inest animo, nullus in arte color.
Le nègre, FRANCIS WILLIAMS.

PARIS.

DELAUNAY, LIBRAIRE, PALAIS-ROYAL.

1832.

Avant-Propos.

Au moment où la question d'Alger est à la veille de recevoir une solution définitive, nous avons pensé qu'on ne lirait pas sans intérêt quelques considérations générales sur le sort futur de la civilisation africaine. Personne désormais ne saurait rester étranger à ces grandes questions de régénération, auxquelles la marche lente, mais toujous progressive de la raison publique, semble de toutes parts donner la plus puissante consécration; aujourd'hui surtout que les gouvernemens musulmans eux-mêmes, et la partie la plus éclairée de leurs peuples, ont fait les premiers pas pour se rapprocher des formes avancées de la civilisation européenne. Les réformes les plus récentes faites à Constantinople, celles dont le Vice-Roi d'Egypte a, depuis quelques années, tenté de donner le spectacle au monde, attestent un progrès inoui dans le respect pour la vie des hommes et pour le droit des gens en général. Qui ne voit avec un noble orgueil et le sentiment de la plus vive satisfaction, une portion si considérable et si arriérée de l'espèce humaine, se disposer à donner à ses institutions un essor nouveau, des formes moins excentriques, un développement favorable à toutes les idées de progrès, de justice et de bienveillance universelle? Déjà les tribus du Grand-Désert viennent rendre hommage à notre civilisation, et soumettre leurs armes au génie de la France; déjà l'empereur de Maroc, en nous abandonnant le territoire de Trémescen, et venant au devant de notre alliance, abaisse la barrière qui semblait devoir toujours exister dans ces contrées reculées, entre les deux religions rivales. Grâce au zèle courageux de nos explorateurs modernes, le Sphinx antique, gardien de la mystérieuse Afrique, est à moitié vaincu. Champollion jeune en Egypte, le major Denham, Clapperton et les frères Lander dans le Bornou et le Soudan, notre double expédition en Egypte et à Alger, l'intrépide Caillié à Temboctou, Cailliaud et d'autres savans voyageurs, chacun à sa manière, a déchiré le voile long-tems impénétrable des destinées africaines. Au point où les choses sont parvenues, l'œuvre de la

régénération de l'Afrique peut être consi-
dérée comme incomparablement plus avancée
qu'elle ne l'était au moment où nous prépa-
rions l'écrit que nous publions. Ne peut-on
pas en effet raisonnablement espérer que les
exemples de modération et d'oubli des anciens préjugés, donnés par les plus puissans
chefs des états musulmans de la secte d'Omar,
ne seront point sans influence sur les destinées
des peuples nomades qui suivent la loi de
Mahomet dans les profondeurs de l'Afrique?
Et l'on sait que le fanatisme de ces peuples
voyageurs, fut toujours un des plus puissans
obstacles à l'établissement de l'influence européenne dans les contrées qu'ils parcourent
dans tous les sens, et dont ils paraissent
moins les habitans que les éternels oppres-
seurs.

Quelle que soit l'issue qu'un avenir toujours incertain doive réserver à notre expédition contre Alger, elle ne saurait manquer
d'être favorable au développement, plus ou
moins rapide, des grands principes de res-
tauration, dont l'application commence à se
faire déjà sentir sur plusieurs autres points du
globe. Du jour où nous vîmes l'escadre française quitter la rade de Toulon pour dé-
barquer nos guerriers sur la plage d'Alger,

nous pûmes dire, sans craindre d'être démentis par l'événement, que le vent d'une régénération politique et morale avait soufflé sur le continent africain. En admettant même, ce qui répugne à nos idées de dignité nationale, que le gouvernement, cédant à des considérations politiques d'un ordre inférieur, ou méconnaissant les intérêts à venir du commerce et des manufactures, se décide plus tard à relâcher sa conquête, nous devons reconnaître que la France n'en aura pas moins déposé, dans cette terre long-tems ennemie, des germes féconds qui, sous l'influence de circonstances favorables, ne sauront manquer de se développer, tôt ou tard, pour le bonheur des générations à venir. Il en est des germes de sociabilité et de civilisation, comme de ceux que la nature nous a donnés pour le soutien de notre vie matérielle et physique ; ils peuvent être arrêtés dans leur développement, retardés par différentes causes ; mais ils ne sauraient être soumis à une entière destruction, dès l'instant qu'ils ont été confiés à la terre dans le sein de laquelle ils doivent se développer. C'est le caractère propre des guerres entreprises par la France depuis quarante ans, d'avoir puissamment secondé la civilisation dans les lieux où le vulgaire n'aperçoit que les désastres et les maux temporaires, compagnons inséparables des collisions entre les peuples. Sans parler des Etats-Unis, que notre intervention armée a si efficacement contribué à lancer dans la carrière de bonheur et de gloire où ils sont parvenus, l'Egypte n'a-t-elle pas dû aux souvenirs de notre expédition, les progrès récens qu'elle a faits dans la vie sociale? La nation russe n'a-t-elle pas vu se développer en peu d'années, dans ses vastes provinces encore demi barbares, les semences de liberté et d'ordre social qu'au prix des plus sanglans sacrifices nous étions allé lui porter? Et redescendant jusqu'à nos jours, ne voyons-nous pas l'empire du Croissant lui-même, prêt à subir le joug définitif des idées nouvelles, grâce aux semences de civilisation que lui a laissées, en se retirant, la nation moscovite, qui les devait elle-même à l'influence salutaire de ses guerres avec la France.

Mais si nous admettons, au contraire, que, comprenant tout ce qu'il y a d'avenir dans la colonisation d'Alger, la France veuille à tout prix conserver sa conquête, quels résultats plus éclatans encore la sainte cause de l'humanité n'aura-t-elle pas à célébrer?

D'une part, l'abolition complette et définitive de la piraterie et des tributs annuels, opprobre de l'Europe entière ; d'autre part, l'honneur national pour toujours vengé d'une puissance que ni la grandeur de Charles-Quint, ni celle de Louis XIV, ni l'appareil des forces de l'Angleterre dirigées par lord Exmouth, n'ont pu que temporairement réduire à respecter le droit commun des nations civilisées ; enfin, la création d'un système de colonies, éminemment favorable aux intérêts de notre commerce, au développement de notre industrie, et la perspective peu reculée de déposer dans la balance des destinées futures de l'espèce africaine, tous les élémens de perfectibilité que cette race malheureuse a droit d'attendre de notre civilisation. Tels sont les signalés triomphes qu'une politique haute et sage assurerait à la France et à la cause de l'humanité en général.

Et pour ne parler que des intérêts purement matériels, en n'envisageant la question que sous le point de vue qui intéresse le commerce et l'industrie, quels prodigieux avantages la France ne serait-elle pas appelée à recueillir un jour dans une colonisation établie sur un sol qui n'est éloigné que de 150 lieues des côtes de France, et que baigne une mer où notre influence ne saurait jamais manquer ; sur un sol vierge qui fut, dans les tems anciens, sous le nom de Mauritanie et de Numidie, un des plus riches et des plus fertiles pays du globe ; que la tyrannie d'un gouvernement absurde, plus encore que la peste, a dépeuplé d'une manière effrayante, mais que l'histoire signale comme ayant été long-tems couvert d'une population nombreuse et des plus florissantes cités. Alors que le sort de nos colonies est perdu dans l'Inde, compromis en Amérique, quoi de plus désirable pour l'avenir de notre commerce que la conservation d'une colonie sur les côtes septentrionales de l'Afrique? Une telle possession, indépendamment des débouchés qu'elle nous offrirait dans les vastes contrées de la Barbarie et de l'Atlas, serait comme la clé qui ouvrirait au commerce français la route de Temboctou, de Sackatou, de Cachenah, et des autres villes du Soudan. Et dès-lors, qui peut prévoir où s'arrêterait le cours des prospérités que ferait naître en peu d'années un pareil état de choses?

Resterons-nous toujours spectateurs paisibles et désintéressés des plans d'établissement formés par d'autres puissances maritimes, moins avantageusement placées que nous? Sans parler des vues de la Russie, encore enveloppées dans les secrets de sa politique, les États-Unis n'ont-ils pas du moins fait un essai de colonisation aux rivages de Derne, près des lieux où brilla l'antique Cyrène, et où les Anciens placèrent le jardin des Hespérides? Peut-on méconnaître les vues ambitieuses de l'Angleterre, guettant l'occasion d'acquérir, sur quelqu'un des points de la Méditerranée voisins de l'Égypte, un établissement qui puisse un jour amener ses vaisseaux, par la Mer Rouge, dans ses possessions de l'Inde, et renforcer ainsi, par la facilité et la célérité des communications, les liens qui l'unissent à cette riche colonie, et qui déjà tendent à se relâcher? Pourquoi la France n'entreprendrait-elle pas de lier, par le nord de l'Afrique, avec le Soudan, le Bornou et les autres contrées si populeuses s'étendant au cœur de ce vaste continent, les communications que le génie commercial des Anglais leur a fait naguère explorer dans les deux expéditions du capitaine Clapperton, soit par la voie de Tripoli et du Grand-Désert, soit par la voie du grand fleuve qui va se perdre dans le golfe de Guinée? Que la France ne perde pas de vue que c'est désormais du côté de l'Afrique que devront se tourner les

regards des peuples qui font entrer les colonies dans le système de leur prospérité. Déjà
l'Amérique et l'Inde ont commencé à regarder
en face leurs anciens maîtres, et à discuter
la légitimité des droits que leurs orgueilleuses
métropoles se sont arrogées au-delà des mers.
L'Afrique septentrionale et centrale, au contraire, avide d'une civilisation dont le besoin
devient tous les jours plus impérieux, verrait
sans trop de répugnance l'établissement d'un
système de colonies chrétiennes, qui, en bri-
sant le sceptre de fer des sectateurs d'Omar,
pousserait graduellement ces belles contrées
au degré de civilisation qu'elles peuvent atteindre. Les salutaires enseignemens du christianisme, et les développemens moraux qui
s'attachent naturellement aux rapports entre
deux peuples, dont l'un est beaucoup plus
avancé que l'autre dans les voies de la civilisation, seconderaient puissamment une telle
entreprise. Cette fois, au moins, les intérêts
du commerce et de la politique seraient en
concordance parfaite avec ceux de la morale.
Grande, mais tardive expiation des maux
que la soif de la domination et des richesses
a si long-temps et si cruellement versés sur
l'espèce africaine!

J'usqu'ici beaucoup d'écrits ont été publiés,

dans la vue de faire connaître la constitution intérieure, physique et politique de la régence d'Alger, ainsi que les ressources de tous genres qu'offre à la nation conquérante la colonisation de cette intéressante contrée ; mais on s'est renfermé dans le cercle de la colonie ; et personne, si je ne me trompe, ne s'est occupé de la faire connaître dans ses rapports avec les populeuses nations récemment découvertes au delà du désert du Sahara. Personne ne s'est attaché à démontrer tout ce que l'humanité en général, et l'intérêt national en particulier, auraient à gagner à l'établissement d'un système fortement conçu, qui aurait pour objet de substituer, dans les contrées placées au nord de l'équateur, l'influence française à l'influence des Maures et des Arabes, et d'étendre ainsi jusqu'au cœur de l'Afrique les rapports de commerce et d'industrie, que nous avons timidement bornés jusqu'à ce jour au littoral de l'ouest et du nord de ce vaste continent.

La question ouverte par l'occupation d'Alger ne se renferme pas dans les limites étroites de la colonie ; elle est plus vaste en avenir, plus féconde en résultats de tous genres. Alger est la clé d'un monde nouveau que la maturité des tems vient jeter entre nos mains, la clé d'un immense débouché qui passe à l'Angleterre, si nous le laissons échapper. Les avantages immédiats de l'occupation d'Alger ont trouvé de nombreux interprètes : pourquoi cette autre question d'avenir plus vaste, dont la colonisation d'Alger n'est que l'introduction, ne serait-elle pas aussi l'objet de notre investigation ? Aucun pas n'est encore empreint dans cette carrière qui nous paraît nouvelle : osons y pénétrer. La pensée qui préside à cette entreprise est d'une haute portée morale et politique; le tems et peut-être l'instinct de notre propre conservation se chargeront de la féconder.

C'est dans ce but spécial, et pour ramener à des idées à la fois morales et fertiles en avantages matériels tant d'intelligences distraites par les intérêts si pressans et si divers de notre politique intérieure, que nous faisons paraître cet écrit, dont la publication, préparée en 1829, ne fut retardée que par une circonstance étrangère à notre volonté.

CIVILISATION

DE

L'AFRIQUE CENTRALE.

Les travaux ayant pour objet de conquérir de grandes masses aux bienfaits de la civilisation, ou seulement d'y préparer de loin les esprits, sont aujourd'hui, parmi les nations éclairées, ce qui excite le plus vivement l'émulation de tout homme qui se plait à fonder ses jouissances intimes sur le bien-être et le bonheur du plus grand nombre. Eh! quel plus noble emploi de l'intelligence humaine! Qui ne voit qu'une telle disposition des esprits doit amener à la longue, parmi les hommes, une grande et imposante révolution? L'esprit humain s'efforce à tenter des voies nouvelles; le perfectionnement dés facultés intellectuelles, celui des ressources et des forces industrielles, et à leur tête le perfectionnement moral, individuel ou social, cheminent de concert. Ils promettent aux esprits attentifs des résultats

2

tels que naguères on eût à peine osé les espérer. Le moment est donc bien choisi pour s'occuper de ces hautes questions, qu'une orgueilleuse philosophie a trop long-tems négligé de soumettre à son investigation, satisfaite sans doute d'avoir follement consumé ses efforts à miner l'antique édifice d'une religion, qui pourtant renfermait en soi tout principe de civilisation.

I. L'Afrique est-elle susceptible de civilisation? Telle est la question que doit s'adresser d'abord tout homme qui veut faire, de l'amélioration de l'espèce humaine dans ces vastes contrées, le sujet spécial de ses recherches et de ses travaux. Nous en ferons le premier objet de notre examen.

II. Cette question résolue affirmativement, nous nous demanderons quels obstacles se sont opposés jusqu'à ce jour, chez les peuples africains, au libre développement des facultés intellectuelles et sociales que la nature a réparties parmi les hommes, quoique peut-être dans d'inégales proportions; et aussi quelles causes ont pu étouffer, chez quelques-uns d'entre ces peuples, les germes de civilisation qu'on y a vus naître dans les tems anciens, et dont la mémoire des hommes a conservé le souvenir.

III. Enfin, nous rechercherons les moyens propres à élever au rang des nations civilisées ces populations dégradées, qui sans doute n'ont été si long-tems deshéritées de leur part de perfectibilité, que par une vue secrète et sage de l'impénétrable providence.

§ 1er.

L'AFRIQUE EST-ELLE SUSCEPTIBLE DE CIVILISATION?

« La conformation physique des Africains, nous dit-on, le rétrécissement de la région où se développe leur cerveau, région dont la capacité est, d'un neuvième environ, moindre que celle d'un crâne européen, seront chez ces peuples un éternel obstacle au libre développement de leurs facultés intellectuelles, première condition de toute civilisation. » Nous répondrons d'abord que cette conformation, particulière aux nègres du Soudan et de quelques contrées voisines, ne s'observe point chez les races qui habitent les parties les plus septentrionales de l'Afrique; que même une partie des nègres de la Sénégambie n'a rien à envier, sous le rapport de la conformation du crâne, aux peuples les plus favorisés du globe. Et d'ailleurs, est-il bien certain que cette différence anatomique ait, sur les peuples de race éthiopienne, une influence aussi constamment funeste qu'on se plait à le soutenir? La forme défectueuse du crâne éthiopien ne se remarquet-elle pas tous les jours, à un certain degré, chez des individus de race blanche, sur le développement de l'intelligence desquels nous ne saurions élever aucun doute? Ne savons-nous pas combien est puissante une éducation bien dirigée, soit qu'elle s'exerce sur les forces physiques de l'homme, soit qu'elle s'attache à développer les forces et les ressources de son intelligence? Cette vérité, triviale pour le reste du genre humain, souffrirait-elle donc une déplorable exception pour les nègres, condamnés par la fatalité de leur conformation, à accuser éternellement et sans espoir l'imprévoyance ou la dureté de la nature? Mais non : tant que nous jouirons, dans nos écoles, du spectacle que nous présente l'aveugle et le sourd-muet de naissance, retrouvant en quelque sorte, par l'éducation, les deux sens que la nature leur avait refusés, nous ne pourrons nous croire irrévocablement fondés à nier que la race noire doive espérer de conquérir un jour, par le développement de ses forces intellectuelles, le grand bienfait de la civilisation. Eh! n'est-il pas démontré, par une expérience constante, que les nègres transportés dans les colonies d'Amérique, acquièrent avec le tems un degré d'intelligence supérieur à celui qu'on avait observé dans leur propre pays? Il existe donc pour les nègres des causes de progrès, de perfectionnement social.

« Nul doute, dit M. Bory St-Vincent, au mot

« *Homme*, dans le *Dictionnaire classique d'his-*
« *toire naturelle*, que le cerveau de certains éthio-
« piens, tout comparablement plus étroit qu'il
« puisse être, ne soit aussi capable de recevoir des
« idées justes,... que celui des quatre cinquièmes
« de nos compatriotes. Nous citerons, ajoute le
« même auteur, comme un exemple du degré
« d'instruction où peuvent parvenir les Éthio-
« piens, que l'homme le plus spirituel et le plus
« savant de l'Ile-de-France, était, quand nous
« visitâmes cette colonie, non un blanc, mais le
« nègre *Lillet-Geoffroy*, correspondant de l'an-
« cienne Académie des sciences, encore aujour-
« d'hui notre confrère à l'Institut, habile mathé-
« maticien, et devenu, dès avant la révolution,
« par son talent et malgré sa couleur, capitaine
« du Génie. Il est maintenant à St-Domingue plus
« d'un Lillet-Geoffroy, dont la capacité et les
« hautes vues en politique ne sauraient être mé-
« connues que par d'orgueilleuses incapacités
« européennes, et par des êtres remplis de pré-
« jugés qui se disent les enfans de prédilection
« de la divinité. »

A l'autorité des raisonnemens par lesquels nous
avons essayé de montrer que la couleur et la conformation physique des nègres ne sauraient être
un obstacle invincible au développement de leurs
facultés morales et intellectuelles, ajoutons l'autorité, plus puissante peut-être, des exemples.
Sont-ils donc incapables de culture et de civili-

sation ces hommes qui, dans les jours de la plus odieuse oppression, virent sortir de leurs rangs,

Angelo Solimann, fils d'un prince africain, dont l'esprit était orné des plus vastes connaissances, et qui parlait facilement six langues, l'italien, le français, l'allemand, le latin, le bohémien et l'anglais;

Annibal, lieutenant-général et directeur du Génie, sous le czar Pierre Ier;

Amo, versé dans les connaissances astronomiques, et parlant les langues latine, grecque, hébraïque, française, hollandaise et allemande; qui, devenu docteur, soutint une thèse en 1734, à l'université de Wittemberg, et publia une dissertation latine sur les sensations considérées comme absentes de l'ame, et présentes au corps humain; qui, plus tard, professeur de philosophie, fit soutenir à ses élèves une thèse sur la distinction à établir entre les opérations de l'esprit et celles des sens;

Lillet-Geoffroy, dont le nom a déjà été prononcé, membre de l'Institut de France, auteur de la meilleure carte des Iles de France et de la Réunion, publiée en l'an cinq, par ordre du Ministre de la marine, et de plusieurs savans mémoires insérés dans l'Almanach de l'Ile-de-France, ou encore inédits, qui annoncent un homme versé dans la physique, la géologie et l'astronomie;

Jacques Derham, parlant avec grâce l'anglais, le français et l'espagnol, devenu en 1788, à l'âge de vingt-six ans, le médecin le plus distingué de la Nouvelle-Orléans; de qui le docteur *Rush* avouait avoir plus retiré de lumières sur l'art de guérir, qu'il n'avait pu lui en communiquer;

Thomas Fuller, avec qui aucun blanc ne pouvait entrer en comparaison, pour la facilité avec laquelle, sans études, il faisait les calculs les plus difficiles;

Benjamin Bannaker, qui publia, pour les années 1794 et 1795, à Philadelphie, des almanachs astronomiques, remplis d'observations et de calculs sur les différens phénomènes célestes;

Othello, auteur d'un *Essai contre l'esclavage des Nègres*, publié à Baltimore en 1788, ouvrage remarquable par la force des raisons et la chaleur avec laquelle elles sont exprimées;

Cugoano, auteur d'un ouvrage qui a eu les honneurs d'une traduction française, intitulé : *Réflexions sur la traite et l'esclavage des Nègres*, où il démontre par le témoignage des livres saints, dans la connaissance desquels il était très-versé, plutôt que par les armes de la raison humaine, que la traite des nègres est un forfait digne du dernier supplice ;

Capitein, instruit dans les langues hollandaise, latine, grecque, hébraïque, chaldéenne, et dans les sciences théologiques, auteur de plusieurs élégies en vers latins; d'une dissertation latine qu'il publia, pour son entrée à l'université de Leyde, *sur la vocation des gentils*, dans laquelle il donne le conseil de favoriser l'étude des diverses langues du pays des nègres, et de leur envoyer des missionnaires; d'une autre dissertation latine, qui fut traduite en hollandais, eut quatre éditions, et fit, il faut en convenir, plus d'honneur à sa vaste érudition qu'à ses sentimens pour la cause de ses compatriotes; enfin de plusieurs sermons en langue hollandaise qu'il avait prêchés en différentes villes, et qui furent publiés à Amsterdam en 1742;

Francis Williams, né à la Jamaïque vers le commencement du 18ᵉ siècle, sur lequel le duc de Montaigu, gouverneur de l'île, voulut essayer si, par une éducation cultivée, un noir pourrait égaler un blanc placé dans les mêmes circonstances; et qui justifia les espérances de son patron par les progrès qu'il fit dans les sciences mathématiques et dans les littératures anglaise et latine; qui publia une ballade anglaise, dont la vogue fut telle que plusieurs blancs tentèrent, mais sans succès, de lui en disputer la propriété; qui enfin fut auteur d'un grand nombre de pièces en vers latins, dans l'une desquelles figure ce vers, que nous nous plaisons à citer ici:

Nullus inest animo, nullus in arte color;

Gustave Vassa, qui publia à Londres des mémoires, dont la neuvième édition parut en 1794;

Don Juan Latino, mort âgé de 117 ans, qui en 1717 professait la langue latine à Séville;

Ignace Sancho, auteur d'un recueil de lettres qu'on a comparées à celles de *Sterne*, son ami;

Philis Weatley, qui apprit sans peine la langue latine, et publia en 1772, n'étant âgée que de dix-neuf ans, un recueil de poésies, qui eut plusieurs éditions en Angleterre et aux Etats-Unis;

Toussaint Louverture, et tant d'autres hommes de couleur, qui se signalèrent par leurs vues politiques, leur habileté dans les affaires, ou leur aptitude pour les sciences ou les beaux-arts, dont les noms nous ont été révélés par le savant *Grégoire*, dans son intéressant ouvrage *De la littérature des Nègres?*

Que répondront à cette argumentation des faits, ceux qui nient la possibilité d'un grand développement intellectuel chez les hommes de couleur, surtout s'ils veulent bien se souvenir que les exemples de haute capacité que nous venons de citer, ont tous été donnés par des hommes dont les mains étaient encore mutilées par les chaînes de l'esclavage!!!

Nous dira-t-on avec quelques théologiens, que la race de Cham, maudite de Dieu, est prédestinée à ne pouvoir jamais se relever des effets de cette malédiction, et à rester éternellement l'opprobre des enfans de Sem et de Japhet? Imprudens, qui, désespérant de la miséricorde du Dieu qu'ils invoquent paraissent avoir oublié que ce Dieu, dans ses profonds décrets, a plus d'une fois

transmis au fils de la femme esclave l'héritage
de prédilection que les peuples avaient pu croire
d'abord destiné à la descendance de la femme
libre !

Enfin, poursuivent les contempteurs de la race
nègre, la preuve la plus irrécusable que les populations africaines sont frappées d'une incapacité
sociale absolue, c'est qu'elles sont restées station-
naires au milieu du grand mouvement qui depuis
long-tems agite, emporte et pousse en tous sens,
les populations de l'Europe, de l'Asie et même du
Nouveau-Monde. Cette objection, toute spécieuse
qu'elle est, ne peut cependant pas résister à un
solide examen. D'abord il n'est pas exact d'avancer que les peuples africains se sont toujours
refusés à voir implanter chez eux l'arbre de la
civilisation.

Les parties orientales de l'Afrique, depuis
l'embouchure jusques vers les sources du Nil,
furent, dès la plus haute antiquité, le centre ac-
tif d'une civilisation très-développée dont les
trésors restèrent long-tems ouverts aux sages des
nations voisines et des peuples les plus reculés
de l'ancien monde. Ce fait est constant ; et s'il
eût été possible que de si grands bienfaits
n'eussent pas été signalés à l'admiration des
hommes par les témoignages de l'histoire, les
savantes explorations de l'expédition française
en Egypte, eussent naguères suffi pour révéler
aux nations modernes tout ce qu'elles doivent

de reconnaissance à cet ancien berceau des connaissances humaines. A la civilisation égyptienne,
assez vitale pour survivre aux brutales invasions
des Perses, succéda plus tard, dans le même
pays, la civilisation grecque et romaine, dont
les progrès ne furent interrompus que par les
invasions du moyen âge. Les côtes septentrionales
de l'Afrique virent aussi, dans les tems les plus
reculés, briller le flambeau de la civilisation,
lorsqu'une colonie de Phéniciens vint poser aux
murs de Carthage, les fondemens de cette puissance redoutable qui parut quelque tems ba-
lancer la fortune, et menacer même l'existence
politique des Romains. Avec Carthage, ne furent
pas détruits pour toujours les fruits que la civilisation avait fait naître dans le Nord de l'Afrique;
et le génie des Grecs et des Romains vint rani-
mer le feu sacré des sciences et des arts dans les
lieux que Cyrène illustra. Si, des rivages de la
Méditerranée, nous passons aux bords africains
de la mer Atlantique, nous sommes encore frappés des traces de civilisation que ce pays recèle
dans son sein. La découverte des îles Canaries
montra aux Espagnols étonnés une nation des
Guanches, chez qui les arts étaient autrefois
arrivés à un très-haut degré de prospérité, et
qui offrait, par la nature de ses monumens, une
ressemblance frappante avec les peuples de la
vallée du Nil. Qui pourrait, à la vue de ces monumens de l'antiquité la plus reculée, se dé-

fendre de la pensée que le peuple, au milieu duquel ils se sont conservés, n'ait autrefois été témoin de la grande submersion de cette mystérieuse *Atlantide*, dont les Grecs nous ont transmis le souvenir traditionnel, et ne se soit trouvé appelé, par le privilége de sa situation, à sauver du naufrage les restes vénérables d'une des plus antiques civilisations du globe?

Il est vrai que les populations dans les archives desquelles nous venons de fouiller, rentrées dans le sein de la Barbarie, n'ont pas même conservé le souvenir de leur gloire passée, et que leur état social actuel est le même que si jamais le flambeau des sciences et des arts n'eût brillé pour elles. Mais si nous avons établi que ces peuples, autrefois civilisés, ne sont frappés d'aucune incapacité naturelle, et peuvent renaître à la civilisation, nous aurons suffisamment prouvé tout ce que nous nous étions proposé d'établir ici. Nous ferons voir plus tard les causes qui ont amené chez eux cette dégénérescence, et les moyens que nous croyons propres à les replacer au rang élevé d'où ils ont eu le malheur d'être précipités.

Passant aux populations noires du Soudan et des contrées voisines, nous reconnaissons qu'elles n'ont, dans aucun tems, été visitées par une civilisation complette, car nous ne pouvons regarder comme prouvé que les anciens aient jamais été en relation avec ces provinces reculées, et nous considérons comme une erreur manifeste l'opinion qui tendrait à faire confondre le Niger des anciens avec le Djoliba, où Kouara, grand fleuve du Soudan passant près de Temboctou, et dont l'embouchure dans le golfe de Guinée vient d'être constatée. Il est encore douteux même qu'il faille voir le Niger dans le Yéou ou le Chary, qui se perdent dans le lac Tchad, et il paraît plus raisonnable de le chercher dans quelqu'une des petites rivières qui descendent des hauteurs de l'Atlas et vont se perdre dans les sables au midi de cette chaîne. Mais si les provinces habitées par la race nègre ont été privées, dans les tems anciens, du bonheur de voir la civilisation de leurs voisins pénétrer dans leur climat brûlant, on ne peut s'empêcher de reconnaître que les habitans de ces malheureuses contrées ne ressentent enfin aujourd'hui le besoin et le désir de voir cesser l'état de barbarie où mille causes puissantes les ont retenus plongés jusqu'à ce jour. Sauf quelques rares exceptions, et peut-être même sans aucune exception, les habitudes monstrueuses de l'anthropophagie ont cessé de révolter la nature sur le sol africain. Les mœurs des nègres du Soudan sont en général plus avancées que ne le furent jadis les mœurs des Grecs, aux tems de Cécrops et de Cadmus; des Romains, lorsque Numa leur donna leurs premières lois; des Francs, aux tems de la loi salique; et des habitans du Nouveau-Monde, avant la découverte de Colomb. Que de motifs d'espérance les amis de l'humanité ne retrouvent-ils pas dans l'observation d'un pareil fait, qui nous paraît manifestement décisif!

Le voyage dans le Bornou et le Soudan, entrepris par ordre du gouvernement Anglais dans les années 1822, 1823 et 1824, par le major Denham, le capitaine Clapperton et le docteur Oudney, a jeté sur cette vérité la plus éclatante lumière. Loin de trouver chez ces hommes noirs, *pendant un séjour de deux ans*, des ennemis farouches et cruels, comme on se plaît à nous dépeindre toutes les populations africaines, ils ne trouvèrent au contraire qu'amitié, bienveillance et protection. Le cheikh *El-Kanémy*, ce génie si extraordinaire, qui, après avoir opéré une importante révolution dans les contrées centrales de l'Afrique, exerçait dans le Bornou, à cause de la nullité du sultan son souverain, une autorité dictatoriale, pareille à-peu-près à celle de nos maires du Palais, ne vit dans l'arrivée des trois Anglais que l'aurore d'une prochaine civilisation qui allait enfin luire sur les peuples soumis à son autorité. Mais laissons parler les voyageurs eux-mêmes.

« Le cheikh a fait tourner toutes ses victoires
« à l'avantage des hommes pour lesquels il les
« remportait, en s'occupant de leur faire mieux
« connaître leurs devoirs moraux et religieux.
« Ses sujets sont les musulmans les plus rigides
« du pays des nègres. Leur respect pour nous
« s'accrut graduellement, à mesure qu'ils s'assu-

« rèrent que nous avions réellement une religion,
« et que nous nous conformions à ses préceptes,
« en priant, sinon en jeûnant, fait dont ils avaient
« d'abord douté. Notre résolution de voyager har-
« diment comme Anglais et comme chrétiens, sans
« marquer de défiance pour personne, bien loin
« d'avoir été un obstacle à notre marche, comme
« tout le monde nous l'avait assuré, inspira pour
« nous une grande confiance à laquelle nous
« devons attribuer une bonne partie du succès
« de notre voyage. Partout où s'étend le pouvoir
« d'El-Kanêmy, les Européens, et notamment
« les Anglais, sont sûrs de trouver hospitalité
« et accueil amical. Le Bornou était infesté de
« voleurs qui tendaient des embûches aux voya-
« geurs, et les pillaient à la vue des murs de la
« capitale; ces accidens n'arrivent plus : les routes
« sont, dans le gouvernement du cheikh, aussi
« sûres qu'en Angleterre. Quoique harassé par
« des guerres continuelles, le cheikh n'ignore
« pas les bienfaits qu'un grand commerce pro-
« curerait à ses peuples, ni l'importance d'amé-
« liorer leur condition morale, en excitant chez
« eux le désir d'acquérir par l'industrie et le
« négoce des avantages plus durables et plus
« certains que ceux qui s'obtiennent par un sys-
« tème de guerre, de pillage et de destruction. »

Et quoi! un cheikh, un africain, un noir aura
senti l'importance d'améliorer la condition morale de ses peuples, pour en faire un jour une

nation, après les avoir élevés à la condition d'hommes; et nous, Européens, nous, chrétiens du dix-neuvième siècle, cédant à une coupable indifférence ou à de gothiques préventions, nous refuserions de faire tourner l'ascendant de nos lumières et les progrès de notre raison, à l'amélioration des mœurs et de l'intelligence des habitans de ces vastes contrées! Dites-nous, hommes blancs, qui contestez dédaigneusement à la race noire la faculté de raisonner avec quelque supériorité et d'avancer dans la vie sociale, trouvez-vous en Europe beaucoup d'hommes de la trempe du nègre *El-Kanémy?*

Le plus puissant prince de l'Afrique centrale, le sultan *Bello*, qui règne à *Sackatou* dans le Soudan, sur la nation des *Félatahs*, développa aux yeux du capitaine Clapperton, qui n'avait pas craint de se rendre dans la capitale de ses états, des vues aussi judicieuses et aussi profondes que celles que nous avons remarquées chez le cheikh du Bornou, et l'étonna par les questions qu'il lui adressa, et qui pour la plupart supposaient des connaissances, même historiques, que nos préjugés eussent été loin de supposer à un prince africain. La lettre que ce prince adressa au Roi d'Angleterre, le 18 avril 1824, témoigne du vif désir qu'il avait de serrer les nœuds d'une alliance commerciale, dont les résultats devaient tourner à l'avantage de la civilisation de son pays. Nous transcrivons cette pièce comme un témoignage littéral et non équivoque, des efforts que fait la race noire pour s'initier à notre perfectibilité sociale.

« Ton serviteur Raïs Abd Allah (capitaine Clap-
« perton) est venu à nous; nous l'avons trouvé
« un homme intelligent et prudent, représentant,
« sous tous les rapports, ta grandeur, ta sagesse,
« ta dignité, ta clémence et ta pénétration. Lors-
« que le tems de son départ est arrivé, il nous
« a demandé de former des relations amicales,
« de correspondre avec toi, et de défendre que
« nos marchands expédiassent des esclaves à Ata-
« gher, au Dahomey et en Achanti. Nous som-
« mes convenus de cela avec lui, à cause du bien
« qui en résultera pour toi et pour nous. Il
« a été convenu également qu'un de tes navires
« viendra au port de Raïka, avec deux canons,
« et la quantité de poudre et de balles, etc.,
« qui leur est nécessaire, et aussi un nombre de
« fusils. Alors nous enverrons notre officier
« pour arranger et stipuler chaque chose avec
« ton consul, et fixer une certaine période pour
« l'arrivée de tes navires marchands, afin que
« quand ils seront venus, ils puissent commercer
« et trafiquer avec nos marchands. Alors, après
« leur retour, le consul pourra résider dans ce
« port (Raïka) comme protecteur, en compagnie
« de notre agent dans ce lieu, s'il plait à Dieu.
« Daté du 1er rhamadan, 1239 de l'hégire,
« (18 avril 1824). »

3

Nous sortirions des bornes que nous nous sommes imposées si nous décrivions longuement, et dans de grands détails, toutes les preuves que nous pourrions puiser dans les récits des voyageurs, à l'appui de l'opinion qui tend à faire considérer les nègres comme aussi propres que toute autre race d'hommes à ouvrir leur esprit et leur cœur aux essais de civilisation qu'on tenterait sur eux. Toutefois, nous ne pouvons résister au désir de citer textuellement un résumé fort court, mais très-substantiel, que *M. Chauvet* a placé en tête de sa *Notice sur la civilisation de l'Afrique*, insérée dans la 110ᵉ livraison de la *Revue encyclopédique*.

« Il y a peu d'années encore, l'intérieur de
« l'Afrique était considéré parmi nous comme
« une forêt immense, entrecoupée de vastes dé-
« serts de sable, au milieu de laquelle erraient
« à l'aventure quelques hordes sauvages. De nom-
« breux documens géographiques, conquis par
« l'audace des voyageurs, ont enfin dissipé ce
« préjugé. On sait aujourd'hui qu'au delà du
« Sahara, le continent africain renferme un grand
« nombre de villes populeuses et fortifiées. Quel-
« ques-unes de ces villes ont des marchés régu-
« lièrement fréquentés par les caravanes, et
« pourvus de plusieurs marchandises d'Europe.
« Les échanges s'y opèrent au moyen de mon-
« naies de différentes espèces : ici, ce sont des
« cauris, coquillages des Maldives, importés par

« les Arabes et par les Anglais; là, de petites
« bandes de toile servent au même usage ; quel-
« ques pays ont aussi une monnaie métallique
« grossièrement fabriquée. Les monnaies d'Europe
« ont cours sur ces marchés, et les lettres de
« change n'y sont pas absolument inconnues.
« Plusieurs régions de l'Afrique centrale sont
« assez bien cultivées; les propriétés y sont divi-
« sées et closes; mais, dans d'autres pays, la
« terre en friche pendant un an, appartient au
« premier occupant. Le nègre possède quelques
« arts industriels : il bâtit des maisons, des
« temples, surtout des remparts; il travaille le
« bois, le cuivre, le fer; il fabrique des tissus
« de coton, de lin, même de soie. Il est tel
« royaume africain qui peut mettre sur pied
« une armée de cent mille combattans, soit fan-
« tassins, soit cavaliers. La plupart de ces guer-
« riers sont armés de flèches, de dards et de
« lances. Il en est qui sont bardés de fer comme
« les soldats romains, ou comme nos anciens
« chevaliers. Quelques-uns ont des armes à feu,
« et plusieurs peuples connaissent les procédés
« de la fabrication de la poudre. Ces troupes
« ont leur tactique, leurs mots d'ordre et leur
« discipline. Un certain art préside à l'attaque
« aussi bien qu'à la défense des places. Chez
« quelques nations de l'Afrique, la justice est
« rendue dans des assemblées de notables et de
« vieillards. Il en est qui ont aussi des assemblées

« politiques et des institutions libres. Le nègre
« est naturellement bon, humain, affectueux,
« hospitalier. Il aime passionnément la musique,
« la danse, l'éloquence, la poésie. Il a quelques
« instrumens dont le son ne manque pas de
« douceur. Ses orateurs, ses poètes, ont du feu, de
« l'imagination, de l'enthousiasme. Les grands per-
« sonnages du pays redoutent extrêmement leurs
« satires, et sont fort avides de leurs louanges.
« Quelquefois pour les obtenir, ils vont jusqu'à
« entreprendre sans sujet des guerres désas-
« treuses. Trop ordinaire effet d'un amour mal
« entendu pour la gloire, que l'Europe n'a pas
« le droit de reprocher à l'Afrique ! »

§ 2.

QUELLES CAUSES ONT RETARDÉ L'ÉMANCIPATION INTELLECTUELLE DES POPULATIONS AFRICAINES.

Parmi les causes qui ont contribué le plus
puissamment à s'opposer au libre et complet développement des facultés intellectuelles des peuples
Africains, celle dont l'influence remonte le plus
haut dans l'ordre des tems, est, sans contredit,
l'état d'isolement dans lequel ces peuples ont été,
dans tous les tems, retenus par la configuration
et la position géographique de la contrée qu'ils

habitaient. Jetée comme une île au milieu des mers, l'Afrique, séparée du reste du monde, était dans l'enfance de la navigation, restée comme étrangère à toute espèce de progrès. C'était presque encore un pays à découvrir, que déjà l'Europe et l'Asie avaient passé par toutes les phases de la civilisation. A la vérité, les habitans d'une partie des contrées septentrionales de ce vaste continent, et ceux de la vallée du Nil, avaient de bonne heure dépouillé la barbarie qui signale le berceau de tous les peuples, et avaient fait des progrès remarquables dans la vie sociale. Mais c'était-là une exception qui avait son principe dans la facilité des communications que la position privilégiée de ces contrées permettait à leurs habitans d'entretenir avec les peuples Asiatiques. Une telle exception confirme au reste notre principe que les fréquentes communications entre les peuples sont, avec le prosélytisme des Chrétiens, le plus puissant instrument de civilisation mis par la providence à la disposition des hommes. Cet avantage ne dut toutefois exercer aucune influence sur le perfectionnement social des habitans de l'Afrique centrale, puisque d'immenses déserts, un climat brûlant, et de vastes mers de sable ne permettaient pas à ces peuples de communiquer avec ceux qui habitaient les contrées les plus voisines de l'Asie.

« Mais, nous dira-t-on, ce n'est point par l'Asie que la civilisation s'étendit sur les rives du Nil.

les Egyptiens durent à leur propre génie les premiers succès qu'ils eurent dans la culture des sciences et des arts ; la civilisation fut native chez eux ; et si elle ne le fut pas de même chez les peuples noirs de l'Afrique centrale ; si, dans leur isolement, ces peuples n'ont pas trouvé en eux-mêmes le principe de sociabilité qui n'a pas été refusé à d'autres peuples, c'est qu'ils étaient indignes d'un si grand bienfait et incapables d'en jouir. » Nous répondrons d'abord que, sans entrer dans l'examen de la question de savoir si les premiers germes de civilisation furent apportés de l'Asie en Egypte, ou si au contraire l'Asie alla les recueillir sur les rives du Nil [1], nous ne

[1] La découverte, aussi féconde en résultats qu'inattendue, faite par M. Champollion jeune, du système d'écriture hiéroglyphique phonétique des anciens Egyptiens, l'a conduit en effet à penser que la civilisation en Egypte, loin de venir de l'Asie et de remonter le Nil, comme beaucoup de savans l'avaient pensé, était au contraire partie de l'*Ethiopie* et des contrées les plus méridionales, d'où, en suivant le cours du fleuve, elle était venue s'établir en Nubie, dans la haute et ensuite dans la basse Egypte, et enfin dans les parties de l'Asie les plus voisines de l'embouchure du Nil. Voyez, pour les développemens, le chapitre XI du *Précis du système hiéroglyphique des anciens Egyptiens, 2e édition.* Qu'il nous soit permis de payer en passant un tribut de regrets à la mort prématurée de ce jeune savant, à qui l'on doit la création du système hiéroglyphique, à peine entrevu avant lui par l'anglais Young. On sait que ce qui a le plus retardé les progrès de cette admirable découverte, c'est l'usage où étaient les anciens Egyptiens d'entremêler des signes idéographiques, ou exprimant non des sons mais des idées, aux signes phonétiques ou alphabétiques, et de les employer, simultanément et dans la même phrase, pour compléter l'expression de leur pensée ; à peu près, j'imagine, comme on voit, aux séances des sourds-muets, les jeunes élèves suppléer, par les signes alphabétiques transmis au moyen de leurs doigts, à la difficulté de faire comprendre

pouvons nous empêcher de reconnaître que la situation géographique de l'Egypte n'ait, dans tous les cas, contribué à hâter le développement social de ses habitans. Nous ferons observer ensuite que si les peuples de l'Afrique centrale n'ont pas trouvé jusqu'ici, dans leur constitution individuelle, des ressources propres à les faire sortir, d'eux-mêmes et sans aucune aide, de la barbarie où ils ont été si long-tems plongés, on ne doit pas en conclure qu'ils soient à jamais

certaines idées abstraites qu'ils ont à exprimer. Après les premières espérances données par la découverte du système d'écriture phonétique des Egyptiens, la science a été arrêtée tout court par la difficulté d'attacher un sens rigoureux aux signes donnant, sans le secours de l'alphabet, l'image immédiate de la pensée. Qui ne voit qu'avec la force de réflexion et de comparaison dont Champollion avait pris l'habitude, il eût pu parvenir, de découvertes en découvertes, à percer les derniers mystères qui couvrent encore son système hiéroglyphique? Espérons que les élèves formés à son école trouveront dans l'étude approfondie de la langue Copte, et dans les matériaux mis en ordre par leur savant maître, les secours nécessaires pour arriver à cette terre promise de la science, aux derniers confins de laquelle il n'a pas été donné à Champollion de pénétrer. Peut-être un jour de nouveaux travaux nous feront-ils découvrir, dans le fond de quelque hypogée, les titres ignorés des races africaines à l'admiration et à la reconnaissance des hommes, aux derniers confins de laquelle il n'a pas été donné à Champollion de pénétrer. Que ne peut-on, de même, raisonnablement espérer des recherches qui seraient faites, avec la protection du vice-roi, sur les pas de MM. Drovetti et Passalacqua, non-seulement dans les vastes dépôts des Nécropolis de Thèbes, mais encore dans les retraites des Pyramides, qui pouvaient bien avoir eu une autre destination que celle de recéler les restes inanimés des Pharaons. Peut-être un jour de nouveaux travaux nous feront-ils découvrir dans le fond de quelque hypogée, les titres ignorés des races africaines à l'admiration et à la reconnaissance des hommes. Ayons foi aux promesses de la science.

inhabiles à entrer dans les voies de la civilisation.
Les instructions de l'histoire seraient contraires
à une pareille conclusion. Si nous fouillons dans
les annales de l'ancien et du Nouveau-Monde,
nous voyons en effet que les peuples qui ont aujourd'hui fait le plus de progrès dans la vie sociale,
n'ont dû un tel avantage qu'à l'impulsion qu'ils
ont reçue des nations plus anciennement appelées
à la civilisation. D'ailleurs, pourquoi chercher dans
le passé la preuve que les peuples Éthiopiens ne
sont pas capables de se dépouiller d'eux-mêmes
des habitudes d'une vie barbare? Tous les peuples
sont-ils arrivés à la fois à jouir du bienfait de la
civilisation? N'y ont-ils pas été conviés successi-
vement et à de longs intervalles? La Providence
qui dispose des siècles et les façonne à son gré,
ne se presse point dans l'exécution de ses grands
desseins. Mais quoi! si l'heure qu'elle a assignée
pour l'affranchissement moral de l'Afrique était
arrivée! si la moindre étincelle devait suffire aujourd'hui pour allumer, chez les peuples Éthiopiens, le flambeau des arts et des sciences! qui
de nous ne voudrait être appelé à devenir l'instrument d'une si grande et si heureuse révolution?
Que dis-je?... cette révolution est commencée.
Les explorations des voyageurs qui, depuis un
petit nombre d'années, se sont avancés, au péril
de leurs jours, dans des contrées avant eux inconnues, n'ont point été perdues pour la cause des
noirs, parce qu'elles ont fait entrevoir ce que

pourrait devenir l'Afrique centrale si l'influence européenne y pénétrait jamais.

Après ce que nous venons de dire, il pourra paraître paradoxal de soutenir que peu de causes ont été plus fatales à la civilisation Africaine que les rapports qui se sont établis, depuis le quinzième siècle, entre les peuples de ces contrées et les Européens. Cependant rien n'est plus vrai. Tandis que l'histoire de tous les tems témoignait que le contact d'une nation policée avec un peuple barbare avait l'heureux privilège d'être, pour ce dernier, le signal d'une amélioration progressive de ses mœurs sociales, les observateurs capables de s'élever au dessus de leur siècle, ne virent pas sans indignation la somme des maux que les populations africaines devaient à leur ignorance et à leur barbarie, augmenter au contraire, à mesure que leurs rapports avec les Européens devenaient plus fréquens. Le besoin qu'eurent les habitans de l'ancien monde d'attacher un grand nombre de bras à la culture des vastes solitudes de l'Amérique, porta le coup le plus funeste à la civilisation de l'Afrique, en faisant concevoir à des peuples chrétiens l'horrible projet d'arracher violemment les populations africaines au sol qui les avait vu naître. Comment, en effet, aurait pu croître et s'affermir la cause de la civilisation, au milieu des guerres et des massacres qu'entretenait régulièrement, sur le sol africain, la cupidité européenne ? Je n'entreprendrai pas de décrire les violences, les dévastations et les actes de barbarie de tous genres, auxquels donnait immédiatement lieu l'apparition d'un vaisseau négrier sur les côtes occidentales de l'Afrique. Assez d'autres ont décrit ces chasses aux esclaves, dont les Européens ne rougissaient pas de donner l'exemple et l'encouragement. A leur voix, les populations noires se précipitaient les unes sur les autres, excitées qu'elles étaient par l'appât de l'indigne salaire que des peuples se disant chrétiens faisaient briller à leurs yeux. Au lieu des leçons de sociabilité que nous devions leur donner, ces peuples ne reçurent de nous que des germes de corruption; nous ne nous attachâmes qu'à développer leurs vices et leurs mauvais penchans, au lieu de cultiver les vertus que la nature avait placées dans leurs cœurs. Dans cette école de tous les vices, si les Africains ne purent parvenir à égaler leurs maîtres en corruption, ils en apprirent du moins assez pour rompre quelquefois jusqu'aux liens de famille qui existaient entre eux. Comment, dans un tel état de choses, les nègres auraient-ils pu voir se former au milieu d'eux les liens internationaux, toujours si favorables à la civilisation d'une vaste contrée?

On a prétendu que la douceur du climat habité par les populations noires du Soudan, les mettant dans le cas d'avoir peu de besoins, elles se trouvaient par cela même moins propres à courir au devant des tentatives de civilisation qu'on pourrait faire sur elles. Mais comment concilier une pareille assertion avec le récit du capitaine Clapperton, qui trouva les marchés de l'Afrique centrale approvisionnés des marchandises de l'Europe et particulièrement de celles de France; qui remarqua, parmi ces marchandises, non-seulement des objets de première nécessité, mais encore des articles de luxe, tels que du papier d'Annonay, et des parapluies de fabrique lyonnaise? Comment concilier cette assertion avec le récit de notre compatriote Caillié, qui vit les marchés et les magasins de Jenné et de Temboctou, remplis de nos marchandises d'Europe, et notamment de fusils doubles français, dont un grand nombre à la marque de St-Etienne, plus estimés chez eux et mieux payés que les fusils des autres nations? N'auraient-ils donc aucuns besoins ces peuples pour lesquels les Maures et leurs kafilas affrontent les Touariks, les sables et les privations du désert? N'auraient-ils aucuns besoins ces peuples qui, pour se procurer quelques grains de verroterie ou quelques gâteaux de sel [1], se portent volontiers à entreprendre des expéditions téméraires et lointaines? Eh!

---

[1] On sait que les habitans de l'Afrique centrale font une énorme consommation de sel. Dirigée des parties septentrionales de l'Afrique sur l'entrepôt de Temboctou, cette marchandise se répand ensuite à Jenné, à Ségo et dans tout le Soudan, où elle est une denrée de première nécessité. N'y aurait-il point là un avenir pour nos salines de l'Est, dont les produits attireraient en échange l'or des riches mines de Bouré et du Bambouk?

d'ailleurs, qui ne sait que la somme de nos besoins augmente avec la facilité que nous avons
de les satisfaire? Qui ne sait que cette disposition constante de l'esprit humain peut devenir,
si elle est bien dirigée, un élément puissant de
grandeur et de prospérité?

Parmi les causes qui contribuèrent le plus à
retarder l'émancipation de l'Afrique, nous signalerons encore l'invasion des sectateurs de
Mahomet, dont les uns s'établirent à poste fixe
sur les rives du Nil et sur les côtes de la Méditerranée, où ils reçurent le nom de Maures
ou Berbères, et les autres continuèrent à mener,
sous la dénomination de Bédouins, dans l'intérieur de l'Afrique, la vie nomade à laquelle ils
étaient accoutumés dans l'Arabie, leur ancienne
patrie. Familiarisés dès l'enfance avec tous les
genres de privations, doués de l'audace et de
la persévérance nécessaires aux grandes entreprises, les Arabes ne reculèrent pas devant les
profondeurs du grand désert, et parvinrent à
lier de bonne heure des rapports avec les populeuses nations qui habitent les contrées de
l'Afrique, voisines de l'équateur. Mais ces rapports, d'une nature purement mercantile, furent
plus nuisibles que favorables aux progrès de l'intelligence chez les peuples éthiopiens. En leur
portant la connaissance et les pratiques du coran,
les Arabes transmirent à ces peuples cet esprit
stationnaire qui, dans tous les tems et dans tous

les pays, avait signalé la présence de la religion
mahométane. Il en résulta que, dans les contrées
de l'Afrique soumises à l'influence ou à la domination des Arabes, le ressort national, remplacé
par cette force d'inertie morale, particulière aux
disciples de Mahomet, s'énerva et demeura com-
primé au point de faire évanouir pour long-tems
tout espoir de progrès dans la vie sociale. Cette
influence fut particulièrement remarquable dans
les parties orientales et septentrionales de l'Afrique, où la civilisation, lors de la première invasion des Arabes, était depuis long-tems parvenue
au plus haut degré de prospérité. L'esprit d'Omar
survécut à ses triomphes ; et loin de faire faire
de nouveaux progrès aux peuples qu'ils avaient
conquis, les Arabes éteignirent peu-à-peu le
foyer de civilisation que les Egyptiens, et après
eux les Grecs et les Romains, avaient long-tems
entretenu dans cette partie du continent Africain.
De nos jours n'avons-nous pas vu également
l'Abyssinie, cette intéressante contrée, dont les
annales, soigneusement conservées depuis l'antiquité la plus reculée, attestaient les progrès
d'une civilisation assez avancée, déchoir rapide-
ment de cet état de splendeur, à mesure que
l'influence des mœurs, des croyances et des habitudes musulmanes, est venue se substituer à
celle que la religion chrétienne exerçait sur cette
contrée de tems immémorial ? Cet esprit stationnaire ennemi de toute progression sociale, qu'on

put de tous tems reprocher aux Musulmans, ne fut que trop secondé par la polygamie qui, en affaiblissant les affections de famille, diminuait en même tems les chances favorables à l'établisment d'une société régulière.

Ce ne fut pas seulement par leur inertie que les sectateurs du coran, maures ou arabes, se montrèrent les ennemis de la civilisation africaine. Les efforts actifs et énergiques par lesquels ils essayèrent dans tous les tems de faire échouer les tentatives des voyageurs envoyés pour préparer les voies de cette civilisation, ne furent pas moins propres à en retarder les progrès. Seuls maîtres d'un commerce très-lucratif avec l'intérieur du Soudan, ils ne virent pas sans jalousie les efforts que faisaient les deux plus grandes puissances commerçantes de l'Europe pour soulever un coin du voile qui couvrait encore l'Afrique centrale. Il suffit de parcourir les relations des voyages faits jusqu'à ce jour dans le but d'explorer cette partie du monde, pour se convaincre que les plus grands obstacles qui se soient opposés à la marche des voyageurs, leur ont été suscités, non par les naturels du pays, mais par les marchands maures ne voyant dans les Européens que de dangereux concurrens; et que si quelquefois les noirs se sont portés aux derniers excès contre ces étrangers inoffensifs, ce n'a été qu'à l'instigation des Maures, ainsi que cela est arrivé tout récemment à Temboctou, à l'égard du major Laing, et à Sackatou, à l'égard du capitaine Clapperton, lors de son second voyage [1].

Echappé aux dangers du désert, bien imprudent serait le voyageur européen qui, croyant n'avoir

[1] Nous avons pensé qu'on ne verrait pas sans intérêt un tableau des tentatives qui ont été faites jusqu'à nos jours par les Européens pour pénétrer dans le cœur de l'Afrique. On y trouvera la preuve de l'importance que les nations les plus civilisées de l'Europe ont, depuis long-tems, attachée à l'établissement de relations avec l'intérieur de ce vaste continent. Ce tableau, joint à la relation du voyage de M. Caillié à Temboctou et à Jenné, est dû à M. Jomard, qui a surveillé la publication des mémoires de cet intrépide voyageur, et qui jusqu'ici a donné un intérêt si marqué aux progrès des connaissances géographiques en Afrique.

DATES DES VOIAGES.	NOMS DES VOYAGEURS.	POINTS DE DÉPARTS.	LIEUX où les VOYAGEURS SONT PARVENUS.
1588	Thompson.	La Gambie.	Le Tenda.
1620	Robert Jobson. . .	La Gambie	Le Tenda.
1670	Paul Imbert. . . .	Maroc.	Temboctou.
1698	De Brué.	Saint-Louis.	Galam.
1715	Compagnon. . . .	Saint-Louis.	Le Bambouk.
1723	Stibbs.	La Gambie. . . .	Le Bambouk.
1731	Moore.	La Gambie	Le Bambouk.
1742	De Flandre. . . .	Saint-Louis	Le Bambouk.
1749	Adanson.	Saint-Louis. . . .	Le Bambouk.
1784	Follier.	Côtes de Nun. . .	Le Bambouk.
1785	Sanguier.	Côtes de Nun. . .	Le Bambouk.
1785	Brisson.	Côtes de Nun. . .	Le Bambouk.
1786	Rubaud.	Saint-Louis	Galam.
1787	Picard.	Saint-Louis.	Fouta-Toro.
1791	Houghton.	La Gambie.	L'Oud-Amar.
1792	Browne.	L'Egypte.	Le Darfour.
1794	Watt . . . . Winterbottom. . .	Le Rio-Nunez. . .	Timbo.
1795	Mungo-Park. . . .	La Gambie.	Silla sur le Dhiolibâ.
1798	Hornemann. . . .	L'Egypte.	Nyffé.

(La suite à la page 48.)

plus rien à craindre de la rapacité ou de la jalousie des marchands Maures, s'endormirait dans
une fausse sécurité, et négligerait d'avoir l'œil
toujours ouvert sur leurs démarches. Ce n'est pas

Suite du tableau.

DATES DES VOYAGES.	NOMS DES VOYAGEURS.	POINTS DE DÉPARTS.	LIEUX où les VOYAGEURS SONT PARVENUS.
1805	Mungo-Park. . . .	La Gambie.	Boussa.
1809	Roentgen	Mogador.	Boussa.
1810	Robert Adams. . .	Côte occidentale. .	Temboctou.
1815	Riley	Côte occidentale. .	Temboctou.
1817	Peddie	Rio-Nunez	Kakondy.
1817	Campbell	Rio-Nunez.	Pandjicotte.
1817	Badia.	L'Égypte.	Pandjicotte.
1818	Mollien.	Saint-Louis.	Timbo.
1818 et 1819	Gray.	La Gambie.	Le Fouladou.
1819	Dochard.	La Gambie	Yamina.
1819	Bowdich.	Côte-d'or.	Coumassie.
1819	Ritchie	Tripoli.	Le Fezzan.
1819	Lyon	Tripoli	Le Fezzan.
1820	Cochelet	Côte occidentale. .	Ouâd-Noun.
1822	Laing.	Sierra-Leone . . .	Falaba.
1823	Oudney. . . . . . Denham. . . . . . Clapperton.	Tripoli	Mandara. Saccatou.
1827	Clapperton . . . . Lander	Golfe de Benin . .	Saccatou.
1827	Laing.	Tripoli	Temboctou.
1827 et 1828	René Caillié. . . .	Sénégambie. . . .	Timé. Djenné. Temboctou.

On remarquera que, dans ce tableau, figurent vingt-deux Anglais, quatorze
Français, deux Américains et un Allemand.

seulement dans la traversée du désert qu'ils peuvent paraître redoutables : la haine fanatique et jalouse de ces éternels ennemis du nom chrétien, s'attache aux pas de l'étranger, et l'environne de dangers sans cesse menaçans, lors même qu'arrivé aux lieux qu'il s'était proposé de visiter, il croit déjà n'avoir qu'à recueillir le fruit de ses longues fatigues. S'ils ne peuvent, ou s'ils n'osent attenter directement à ses jours, ils cherchent du moins à le compromettre en rendant suspectes ses moindres démarches. Tantôt ils le représentent, aux yeux des chefs, comme un *caffir*, ennemi de la religion du prophète ; tantôt ils le désignent comme un espion envoyé par les princes chrétiens, pour *écrire le pays* et assurer les préparatifs d'une prochaine invasion chez les noirs. Ces bruits s'accréditent aisément surtout si, comme il arrive souvent, le témoignage des *marabouts* et des *fighis* vient leur donner quelque crédit. Malheur alors à l'Européen s'il ne parvient à détourner, par la confiance qu'il a su inspirer au chef et aux principaux de la nation, le danger dont sa tête est menacée! il ira, loin de sa patrie, grossir la liste des martyrs de la science et de l'humanité.

Partout, au contraire, où l'influence des Maures est peu sensible, et où les croyances mahométanes ont fait encore peu de progrès, les Européens peuvent, sauf quelques exceptions, voyager avec assez de sécurité. Caillié rapporte que les habitans noirs de Temboctou sont doux et affables pour les étrangers; que, dans le Ouassoulo et quelques autres pays qu'il traversa avant d'arriver à Temboctou, un Européen n'inspire que de la bienveillance mêlée de curiosité, et qu'il pourrait y séjourner avec la même sécurité que dans sa patrie. Le major Laing, dans la relation de son premier voyage, rapporte que le roi et les chefs du Soulimana ont adopté les croyances mahométanes, tandis que le peuple est encore idolâtre; ce qui, suivant la remarque du voyageur anglais, serait une circonstance très-favorable à l'introduction du Christianisme dans ces contrées. Ce concours paisible de deux croyances diverses, a introduit dans le pays une tolérance que les missionnaires chrétiens pourraient mettre à profit pour répandre leurs instructions parmi ces peuplades ignorantes. Ils seraient puissamment secondés par le respect, poussé jusqu'à la vénération, que le roi de Soulimana et ses sujets portent aux blancs. Le vice-roi de Timbou apprit aux voyageurs anglais, Watt et Winterbottom, que les peuples à qui les habitans de Timbou faisaient la guerre, ne priaient jamais Dieu, et que ceux-ci ne combattaient jamais contre les peuples qui adorent le Dieu tout-puissant. Nous avons vu que ce respect pour une croyance religieuse fut aussi remarqué chez les habitans du Bornou par le major Denham, qui vit ces peuples s'attacher davantage à lui, à mesure qu'ils purent s'assurer qu'il adressait tous les jours sa prière à la divinité.

51

Le second voyage de Clapperton nous a prouvé que les vastes contrées de l'Afrique intérieure n'étaient point aussi inaccessibles qu'on l'avait imaginé; que les *Cabocirs*, ou chefs du pays (entre le golfe de Benin et Saccatou), considéraient l'arrivée d'un blanc comme étant d'un heureux présage et une bénédiction du ciel; et qu'il existait parmi les habitans de ces contrées jusqu'ici inexplorées, des préjugés très-favorables aux chrétiens. Il apprit, par exemple, en faisant des recherches sur la catastrophe de Mungo-Park, que ce voyageur célèbre fut massacré par les soldats du sultan de Boussa, ville située sur la rive droite du Niger (le Djolibâ) [1], bien loin au dessous de Temboctou; et qu'aussitôt après la mort du voyageur blanc et des gens de sa suite, une peste effrayante désola le territoire de Boussa, et emporta le sultan ainsi qu'une grande partie de la population; d'où est né, dans cette partie de l'Afrique, cet adage très-répandu, et très-favorable aux explorations des voyageurs européens: *Ne faites pas de mal à un Chrétien car vous mourriez comme le peuple de Boussa.*

[1] Aujourd'hui que l'embouchure du grand fleuve qui passe près de Temboctou, a été reconnue dans le golfe de Guinée, on devrait renoncer pour toujours à lui appliquer la dénomination de *Niger*. Tant qu'il a été permis de conjecturer avec Mungo-Park, que ce fleuve coulait à l'est et allait se perdre dans quelque grand lac du Soudan, ou mêler ses eaux avec celles du Nil d'Egypte, on a pu confondre le *Djolibâ* ou *Kouara* avec le Niger des cartes et des Anciens. Mais aujourd'hui cette confusion ne saurait être autorisée.

§ 3.

QUELS MOYENS SERAIENT PROPRES A HATER LE TRIOMPHE DE LA CIVILISATION EN AFRIQUE, ET PARTICULIÈREMENT DANS LE PAYS DES NÈGRES?

Nous avons montré que les Africains sont susceptibles de civilisation ; nous avons fait connaître quelques-unes des causes qui jusqu'ici ont arrêté le développement de leurs facultés intellectuelles et sociales : il nous reste à indiquer par quels moyens on pourrait parvenir à amener un jour ces peuples à la condition de nations civilisées.

Parmi les tentatives qui ont été faites jusqu'à ce jour pour semer, dans l'intérieur de l'Afrique, des germes de civilisation, on doit distinguer les efforts de la société qui se forma à Londres, en 1788, pour seconder les progrès des découvertes en Afrique. Les fondateurs de cette société, sans être étrangers dans cette entreprise, à toute idée de spéculation et de trafic, eurent cependant pour principal objet d'assurer le progrès des connaissances géographiques dans cette partie du monde. Aucun sacrifice ne fut épargné. Des itinéraires au travers du grand désert, des renseignemens sur la véritable position de Tombouctou ou Temboctou, et sur les moyens d'arriver à cette ville mystérieuse, furent recueillis avec un soin extrême [1]. D'intrépides voyageurs furent envoyés à grands frais pour explorer les différentes routes qui, du nord, de l'est ou de l'ouest, pouvaient conduire dans le cœur de l'Afrique et sur les rives du grand fleuve, dont quelques récits vagues et souvent contradictoires, plutôt que des renseignemens positifs, avaient signalé l'existence à la curiosité des Européens. Ces travaux, et particulièrement les découvertes dues à *Mungo-Park*,

[1] Payons en passant un juste tribut d'éloges au zèle courageux de notre compatriote, M. *René-Auguste Caillié*, qui, vers la fin de l'année 1828, a accompli, seul, à ses frais, et sans secours étrangers, une des entreprises les plus audacieuses qu'aient jamais signalé les annales des découvertes géographiques. Cet intrépide voyageur, parti de Kacondy, vers l'embouchure du Rio-Nunez, sur la côte occidentale de l'Afrique, s'est dirigé droit sur Temboctou, où il a pu séjourner quatorze jours, et de cette dernière ville sur la ville barbaresque de Tanger, recueillant dans cette longue traversée, des renseignemens précieux sur les pays qu'il avait parcourus. Nous sommes fiers de pouvoir faire remarquer que le premier européen qui, après être parvenu à Temboctou, ait eu le bonheur de mettre fin à son entreprise en rapportant dans sa patrie les notes recueillies dans ce périlleux voyage, est un Français. Cette observation toutefois ne nous rendra point injuste envers cette nation voisine, à qui la géographie de l'Afrique doit les plus nombreuses et les plus précieuses découvertes. Le major Laing a vu Temboctou avant le voyageur français. Et s'il n'a pas eu, comme celui-ci, le bonheur d'accomplir jusqu'au bout sa glorieuse entreprise, il n'en a pas moins fait parvenir en Europe des renseignemens dont la publication ne peut que jeter un grand jour sur cette partie de l'Afrique centrale. Rendons à chacun la justice qui lui est due. La science n'a rien à gagner à ces gothiques préjugés qui naguères rendaient les nations européennes injustes dans l'appréciation des bienfaits dont chacune d'elles dotait, de son côté, la cause commune de l'humanité. Ces rivalités, ces basses jalousies, ne sont plus de notre siècle, et nous devons nous en féliciter.

eurent les plus heureux résultats, puisqu'ils com-
mencèrent à soulever le voile d'obscurité qui
couvrait, depuis si long-tems, les profondeurs
de l'Afrique. Une société française tenta de se
former sur le modèle de celle de Londres; mais
la révolution vint anéantir les espérances qu'elle
avait fait naître, et elle n'eut pas même le tems
de commencer ses travaux. La *Société géographique*, formée à Paris depuis quelques années,
n'a pas tardé à répondre aux espérances que la
renommée européenne de ses fondateurs avait
fait concevoir, et déjà on lui doit les savantes
explorations de l'infortuné *Pacho* dans la Pen-
tapole Lybique, ainsi que le Voyage à Temboctou
dont nous avons parlé. De simples particuliers,
mus par le désir de la gloire, ou passionnés pour
le progrès des connaissances géographiques, se
sont réunis, à différentes époques, à ce grand
mouvement de découvertes, et ont fait, pour parvenir au cœur de l'Afrique, des tentatives qui
n'ont pas toujours été sans succès.

Toutefois, il faut en convenir, si de la réunion
de tous ces travaux on vit jaillir une foule de
lumières, qui diminuèrent graduellement l'obscurité dont s'enveloppait cette partie du globe,
on fut loin d'obtenir sur les mœurs, les rapports
nationaux, les besoins et même la géographie de
ces peuples, une connaissance qui répondit à la
grandeur des sacrifices qui avaient été faits pour
l'obtenir. On prépara les voies de la civilisation

africaine, mais on n'y entra pas, ou l'on n'y fit que des progrès insensibles.

D'où vient donc que tant de glorieux efforts, tant de tentatives désintéressées, n'eurent pas une influence plus décisive sur l'affranchissement intellectuel et politique des peuples africains? C'est que ces tentatives, ces efforts, ont manqué de simultanéité; que les plans d'exécution n'ont point été tracés, ni conduits, avec cette unité et cette persévérance, qui seules peuvent assurer l'achèvement des grandes entreprises; et qu'enfin les moyens employés ont été loin de répondre à l'importance des résultats qu'on avait en vue, à la difficulté et à la multiplicité des obstacles qu'il fallait vaincre. On a voulu, en quelque sorte, emporter brusquement d'assaut la civilisation de l'Afrique, tandis qu'il fallait la préparer par des voies lentes, obscures, et imperturbablement dirigées vers le but désiré. On a prodigué la vie d'une multitude de voyageurs dont le dévoûment, s'il eût été asservi à un plan uniforme et fortement arrêté d'avance, eût pu servir plus utilement la cause de la civilisation.

Nous avons vu que les Maures eurent constamment sur les destinées de l'Afrique, l'influence la plus désastreuse par l'énergie des efforts qu'ils ne cessèrent d'opposer, dans toutes les parties de ce continent, à l'invasion de la civilisation européenne. C'est particulièrement cette cause permanente de léthargie morale qu'il importe de combattre, et sur laquelle nous croyons devoir appeler toute la sollicitude des amis des noirs. Si jamais l'influence européenne pouvait être substituée, dans le cœur de ces contrées, à l'influence de la race maure ou arabe, qui ne voit que ce premier succès serait bientôt le signal de la plus éclatante révolution dans les mœurs et les habitudes des Africains?

Dans l'insuffisance des efforts isolés et partiels, tentés jusqu'à ce jour pour accomplir de si hautes destinées, il nous a semblé que nulle institution ne serait plus propre à assurer le triomphe de la civilisation africaine, qu'une société dont le but unique serait de fonder en Afrique le règne de notre influence sur les ruines de l'influence maure; société qui, par la perpétuité de son action et la puissance de ses ressources constamment dirigées vers l'accomplissement du même dessein, ne saurait manquer d'atteindre tôt ou tard le but, si éminemment philosophique, qu'elle se serait proposé. Pour augmenter les chances de succès, rien n'empêcherait que cette société, organisée sous le nom et avec les prérogatives d'une *Société française*, appelât dans son sein les philanthropes et les savans de tous les pays, qui ne verraient, dans une telle coopération, que l'occasion de contribuer de leur influence à l'accomplissement du grand œuvre de la civilisation générale. Affiliée à toutes les sociétés qui, sur les divers points de l'Europe ou du Nouveau-Monde, consacrent leurs travaux à l'amélioration de l'espèce humaine, ou aux progrès des sciences géographiques ; favorisée par les gouvernemens, auxquels elle ne saurait porter aucun ombrage, cette société grandirait en puissance et en considération, et serait bientôt appelée à devenir l'exemple le plus mémorable de la puissance de l'homme, appliquée au triomphe des grands interêts de l'humanité. L'unité et la perpétuité du plan qui serait adopté ; la concordance si précieuse dans les moyens d'exécution ; la persévérance des efforts, et l'imposante autorité d'une société, dans laquelle viendraient se confondre, en un seul faisceau, toutes les sommités sociales et les plus hautes intelligences, feraient de cette association le plus puissant instrument que la sagesse humaine ait jamais eu à sa disposition.

« Mais, dira-t-on, louable sous le rapport de la pureté des intentions qui l'ont conçue, cette théorie ne souffrira pas l'épreuve des premières tentatives d'exécution. Ses proportions gigantesques la rendront inexécutable ; et si l'âge présent est, dans le sein de chaque nation, fécond en associations d'hommes, destinées à faciliter la diffusion des lumières, on n'a pas d'exemple qu'il en ait existé entre des hommes de nations diverses. »

Avant les belles découvertes de Jenner et de Franklin, pourrions-nous répondre, quel homme eût osé jouer avec le plus impétueux des météorcs et la plus redoutable des maladies? Que de préjugés détruits en moins d'un siècle! que de prétendus principes, réduits jadis en axiomes, ne peuvent plus recevoir aujourd'hui leur application! Le tems qui finit par renverser les vieilles idées comme les vieux monumens, lorsqu'elles ne sont point fondées sur l'accord éternel de la religion, de l'expérience et de la raison, s'avance avec le cortége des idées nouvelles; et tel qui naguères n'eût pu concevoir la possibilité du concours de trois marines rivales, dans une même expédition, n'a plus rien à répondre aux trophées de Navarin. Une association s'est formée pour le desséchement de tous les marais, et la fécondation de tous les terrains incultes répandus sur le sol de la France. Une autre s'est formée en Angleterre pour l'abolition de cet usage barbare qui, depuis tant de siècles, rend les femmes Indiennes, à la mort de leurs maris, victimes du dévoûment le plus insensé. A l'imitation de l'Angleterre, des associations se préparent pour étendre sur toute la France un réseau de chemins de fer, et appliquer à toutes nos routes le service rapide des voitures à vapeur. De telles conceptions, qui eussent semblé, dans un tems encore peu reculé, gigantesques et inexécutables, paraissent se présenter aujourd'hui sous les plus heureux auspices, appuyées, comme elles sont, sur cet esprit d'association qui est un des caractères distinctifs du siècle. Ce même esprit a fait d'immenses progrès dans toutes les parties du monde civilisé. Qui voudra aujourd'hui lui imposer des limites ou des restrictions? qui se croira assez d'autorité ou de prévoyance de l'avenir, pour être en droit de lui dire, comme à l'Océan : *Tu n'iras pas plus loin?* Les peuples et les gouvernemens, mieux éclairés sur leurs véritables intérêts, paraissent près de s'entendre comme les individus. La politique a eu sa *sainte-alliance :* la cause de la civilisation aura bientôt la sienne; et le génie des associations utiles franchira les limites étroites que les préjugés nationaux ont trop long-tems entretenues entre les différens états de la grande famille européenne.

D'ailleurs, remarquons-le bien, nous proposons le concours des autres nations, non comme un élément indispensable de succès, mais comme un moyen de faire tourner à l'avantage des travaux de la société, les lumières éparses sur toute la surface du globe. Mais si, par des raisons d'étroite politique, auxquelles nous nous refusons de croire, il ne nous était pas donné d'obtenir une si utile coopération, la *Société française* trouverait facilement, dans le développement des ressources nationales, comme dans le génie de nos savans et la persévérance des sociétaires, les moyens d'arriver, sans secours étrangers, au terme de ses efforts.

Le but de cet écrit n'est point d'entrer dans

les détails d'organisation de la société dont nous proposons l'établissement, mais seulement de faire comprendre l'opportunité d'une pareille mesure, d'en faire naître la pensée, d'éveiller l'attention du commerce, et de provoquer les méditations des hommes qui ne se croient point dispensés de transmettre aux nations encore barbares, l'héritage de la civilisation qu'ils ont reçu des nations éclairées de l'antiquité. Toutefois, nous ne pouvons résister au désir d'indiquer sommairement quelques-uns des objets que la société pourrait immédiatement se proposer pour arriver au but de son institution, qui serait, comme on l'a vu, de substituer en Afrique notre propre influence à celle des Maures.

1° La société s'appliquerait à seconder, par tous les moyens qui seraient en son pouvoir, les mesures vigoureuses que les puissances maritimes de l'Europe ont depuis quelques années tenté de prendre contre l'esclavage des nègres.

Elle éveillerait leur attention sur les infractions aux lois contre la traite, qui se multiplient, non plus comme autrefois sur l'Océan Atlantique, mais à nos yeux, sur la Méditerranée, au profit de quelques états musulmans, et à l'aide de navires sous pavillon chrétien. Elle leur signalerait les marchés d'esclaves qui se tiennent encore dans les villes de plusieurs états barbaresques.

2° Elle s'occuperait de préparer les voies d'un système de colonisation des côtes septentrionales de l'Afrique, où son influence pourrait plus particulièrement se faire sentir.

3° Elle ne négligerait point de mettre à profit l'influence des Maures dont se compose en partie la population d'Alger. Descendant des Maures chassés d'Espagne, ces Mahométans sont moins éloignés des mœurs européennes que leurs co-religionnaires qui trafiquent dans la Nigritie et sont depuis long-tems mêlés avec la race noire. On ne peut plus douter aujourd'hui qu'ils ne préfèrent notre domination à celle des Turcs qui leur est devenue insupportable; et il serait facile à la *Société française*, en secondant les vues de l'administration placée à la tête de la colonie, de faire tourner cette heureuse disposition, soit au profit de notre établissement d'Alger, soit au profit des relations ultérieures à ouvrir dans le Soudan. D'une foi peu sûre, si la main du pouvoir leur paraît chancelante et mal affermie, nous pouvons compter sur leur alliance et leur coopération, si notre autorité se consolide dans la colonie, et s'ils croient voir dans notre occupation une garantie contre le retour des Turcs dont notre arrivée les a délivrés. Toujours disposés à accroître par le trafic les richesses qu'ils ont acquises, il suffira qu'ils aient l'assurance de ne point rester étrangers aux bénéfices du commerce intérieur dont la *Société française* chercherait à poser les premières bases, pour les voir empressés de s'associer aux efforts qui seront tentés. Maîtres d'une grande partie des richesses du pays, familiarisés avec les privations du désert, ils pourraient faci-

lement nous ouvrir, par leur influence et l'expérience personnelle qu'ils ont acquise dans les
voyages à l'intérieur, la route des contrées les
plus centrales de l'Afrique. Des primes pourraient
être assurées, pour le retour, à des compagnies
de Maures qui s'engageraient à conduire et ramener saines et sauves, les députations que la
Société française pourrait tenter d'envoyer aux
chefs des principaux royaumes de la Nigritie.
Nous insistons sur ce point, l'expérience ayant
prouvé que le fanatisme et les scrupules des
peuples mahométans résistent rarement à la perspective d'un lucre assuré. Notre influence profi-
terait ainsi de celle des Maures, nos plus utiles
alliés dans la colonie, en attendant qu'elle puisse
complettement s'en passer.

4° Persuadée que les vieilles défiances des Africains, trop bien fondées jusqu'à ce jour, pourraient mettre en doute le succès de son entreprise,
la Société s'attacherait à établir de nouveaux
comptoirs sur les côtes occidentales de l'Afrique
ainsi qu'au Sénégal, et à solliciter le rétablissement
de ceux que les hasards de la guerre, ou l'incurie
des colons, ont laissé ruiner. Elle s'appliquerait
à faire organiser les comptoirs existans, sur un
pied qui pût présenter aux habitans de l'intérieur,
non-seulement la plus entière sécurité et les plus
grandes commodités pour leur trafic et leurs
échanges, mais encore des réductions sur les prix
des marchandises, assez fortes pour anéantir tout-

à-fait le commerce des Maures, auquel est attachée leur prépondérance dans l'Afrique centrale. La Société emploierait, pour soutenir de pareils sacrifices, des fonds que son mode d'organisation mettrait à sa disposition. Et cette lutte désintéressée, que ne flétriraient point les vues ordinaires du monopole, serait bientôt terminée, si l'on considère que les Maures, tirant de l'Europe la plupart des marchandises que leurs *kafilas* amènent à grands frais dans le Soudan et dans le Bornou, seraient dans l'impossibilité d'abaisser jamais leurs tarifs au niveau de ceux des comptoirs européens.

5° Mais la confiance serait imparfaitement établie, entre les Européens et les indigènes, si cette confiance se bornait aux relations commerciales. Il faut encore que ces peuples se familiarisent avec l'idée que nous ne voulons avoir désormais avec eux d'autres rapports, que des rapports de bienveillance et de confraternité; et que nos communications avec leur pays ne doivent avoir d'autres résultats pour eux que de les faire participer, sans effort, comme sans sacrifices et sans danger, aux commodités nombreuses qu'une longue civilisation a fait naître parmi nous. Ce but toutefois ne saurait être atteint que par des voies lentes et une longue préparation. Or, la forte organisation de la Société la mettrait à l'abri de cette impatience du succès, qui souvent caractérise et trahit la faiblesse, et lui permettrait, à l'exemple de la providence, de confier au tems une réforme que trop de précipitation pourrait compromettre.

Rien ne nous semblerait plus propre à assurer graduellement la conquête de cette confiance si nécessaire, qui serait comme l'ame de toutes les opérations de la société, que l'établissement d'écoles d'enseignement mutuel, où de jeunes nègres seraient initiés aux arts et aux sciences de l'Europe. Ces écoles où seraient appelés des élèves de toutes les contrées de l'Afrique centrale, pourraient être établies, soit à Paris, soit dans quelques-unes de nos villes maritimes, soit même dans l'une des villes de la régence d'Alger où notre autorité serait suffisamment affermie. Que si, dans les commencemens, des préventions au sujet de nos véritables intentions, pouvaient rendre ces enrôlemens trop difficiles, on ne peut douter que les répugnances des pères ne cédassent bientôt à l'appât du plus mince intérêt, ainsi que l'a prouvé la tentative déjà faite par feu M. Drovetti, notre ancien consul en Egypte. Une semblable *traite* que ne désavouerait pas la morale la plus sévère, serait comme l'expiation des maux que notre avarice a si long-tems fait peser sur la race africaine. Ces jeunes gens, en se familiarisant avec nos langues, nos croyances religieuses, nos arts mécaniques et les élémens de nos sciences, sentiraient s'évanouir les préjugés de la couleur, et la haine faire place, dans leurs cœurs, à la reconnaissance pour de si grands bienfaits.

Pour faire produire à cette institution les fruits
les plus abondans, la *Société française* pourrait
examiner (et nous appelons particulièrement l'attention sur ce point) s'il ne serait pas convenable
de réunir, dans ces écoles, aux jeunes noirs, un
égal nombre de blancs, qui pourraient au besoin
être pris dans nos maisons de charité, et auxquels
on donnerait une éducation toute pareille à celle
des noirs. Des liens d'amitié et de confiance réci-
proque, dont plus tard les conséquences seraient
immenses, se formeraient entre ces jeunes gens,
en dépit de la couleur, à un âge où ces liens,
dégagés de toute vue d'intérêt, deviennent pour
l'ordinaire indissolubles. Après un séjour de
quelques années dans ces écoles, tous ensemble
seraient envoyés sur les côtes d'Afrique, pour y
recevoir le complément de leur éducation, dans
des écoles établies près de nos comptoirs du Sénégal, à Saint-Louis, par exemple, ou même
au fort Bakel, dont la position très-avancée dans
la Sénégambie, et au milieu du pays des noirs,
serait on ne peut plus favorable. Là, les jeunes
nègres commenceraient à se remettre en commu-
nication avec les nègres de l'intérieur, que les
intérêts de leur commerce auraient amenés dans
les comptoirs; et les jeunes blancs seraient exer-
cés à entendre et à parler les principaux idiomes
des contrées intérieures du Soudan. Le but de
leur séjour dans ces nouvelles écoles serait encore
de familiariser ces jeunes européens avec un climat

brûlant et ordinairement si funeste à ceux qui
n'ont pas été dès l'enfance soumis à son influence.
Le tems des épreuves achevé, les jeunes noirs
rentreraient dans leurs patries respectives, accom-
pagnés de ceux d'entre leurs camarades blancs,
avec lesquels ils se seraient plus particulièrement
liés d'amitié, et qui, grâce à cette douce confraternité, ne sauraient exciter les défiances ou les
jalousies de leurs hôtes. Munis des instrumens
d'arts et métiers et d'un petit pécule, qui leur
auraient été remis par la société, tous ensemble
à l'envi se livreraient, dans l'intérieur, à la pra-
tique et à l'enseignement des arts qu'ils auraient
appris en Europe. Lorsque ces blancs, après
quelques années de séjour en Afrique, voudraient
rentrer dans leur première patrie, ils y seraient
accueillis avec des récompenses proportionnées
à l'utilité et à l'étendue des renseignemens qu'ils
pourraient donner sur l'intérieur du continent
africain. Ils pourraient même être employés, avec
beaucoup d'avantage, comme voyageurs de la
Société. Ainsi se répandrait insensiblement, chez
les noirs, l'habitude de communiquer avec les
européens; ainsi s'établirait cette influence salutaire, objet principal des travaux de la Société [1].

---

[1] Cette théorie paraît avoir reçu un commencement d'application. Les
journaux nous ont appris que le roi de Danemark, après avoir fait donner
une éducation européenne au jeune *Noi-Davunna*, fils d'un des chefs de la
côte de Guinée, l'a renvoyé dans sa patrie, au mois d'août 1828, avec
quatre ecclésiastiques chargés de répandre dans l'intérieur de l'Afrique, au

Déjà le goût de ces écoles d'enseignement mutuel a pénétré dans quelques états africains, et notamment à Sierra-Léone et dans d'autres parties de la côte occidentale, soumises à l'influence immédiate des Européens. Nous signalerons encore l'école normale d'enseignement mutuel qui vient d'être formée dans la capitale du royaume de Benin, sous les yeux et à la sollicitation du roi de ces contrées jadis si barbares. Cette fondation est due au zèle d'un jeune français, M. *L'Epinat*, de Liancourt, dont le nom ne saurait être trop recommandé à la reconnaissance publique. Mais, quoi! si nous en croyons M. le baron Roger, ancien administrateur du Sénégal, la méthode d'enseignement mutuel est établie, de tems immémorial, chez les nègres de cette colonie. Serait-ce donc à cette nation si méprisée, que l'Europe devrait la première idée d'une méthode dont la supériorité paraît être aujourd'hui presque universellement reconnue?

6° Pour couronner de si généreux travaux, et en assurer le succès, la *Société française* appellerait à son secours la prédication des dogmes et de la morale évangéliques. La religion chrétienne, qui a policé les mœurs de tant de nations, et à laquelle la moitié du globe a dû sa civilisation, pour-

moyen de l'enseignement mutuel, l'instruction religieuse et les connaissances élémentaires de première nécessité. Nous sommes heureux d'avoir à rappeler un pareil fait, que la Providence destine peut-être à jouer un grand rôle dans l'histoire du perfectionnement social des Africains.

suivrait sur le continent africain le cours de ses bienfaits. De jeunes lévites envoyés de France s'élanceraient à cette nouvelle conquête, avec la même ardeur et le même mépris de la vie, qui les portent, aujourd'hui comme autrefois, à braver mille dangers pour faire briller les lumières de l'Evangile chez les nations, plus inhospitalières peut-être, de l'extrémité orientale de l'Asie [1].

Nous n'avons point prétendu indiquer tous les moyens de succès que la *Société française* pourrait avoir à sa disposition, mais seulement quelques-uns des principaux. Il en est beaucoup d'autres que la réflexion nous suggère encore; beaucoup que le tems seul et l'expérience pourront faire connaître, ou que les lumières de la Société ne manqueraient pas de lui révéler.

Notre tâche est remplie. Sans doute un succès immédiat ne viendra pas récompenser nos efforts; nous n'oserions nous bercer d'un tel espoir; la vérité ne procède point aussi vite; non que l'âge

---

[1] Il est impossible, il serait peu philosophique de méconnaître les signalés services rendus, dans ces derniers tems, à la cause de la civilisation, par les *Missions étrangères*. On sait que les établissemens religieux que la sollicitude de cette société entretient, soit dans le Kentucky et d'autres provinces de l'Amérique septentrionale, soit dans les divers groupes des îles de la mer du Sud, et notamment dans les îles Sandwich, deviennent des centres, autour desquels les peuples idolâtres courent échanger leurs vieilles erreurs et leurs féroces habitudes, contre les croyances religieuses et la civilisation des Européens.

présent ne soit mûr pour ces grandes entreprises d'utilité publique, et ne sache fort bien que de funestes préjugés sont à l'esprit humain, ce que sont à l'Afrique les sables arides du Sahara; mais parce que les esprits ne se familiarisent qu'à la longue avec les théories les plus généreuses, lorsque leur application sort de la facile sphère de nos occupations habituelles. Toutefois, la pensée que nous jetons en avant ne sera point perdue; elle sera recueillie, et finira par porter un jour les fruits abondans qu'elle recèle dans son sein [1].

[1] Pendant l'impression de ces feuilles, un fait grave se passe en Angleterre : il doit trouver sa place ici.

Une compagnie de négocians de Liverpool, de concert avec le gouvernement anglais, vient de charger le célèbre voyageur *Lander* d'une nouvelle expédition sur les rives du grand fleuve de l'Afrique centrale, qui après avoir passé près de Temboctou, va se perdre dans le golfe de Guinée. Cette expédition remontera le fleuve jusqu'à la ville de *Rabba*, avec un bateau chargé de toutes sortes d'objets d'échange. Partie au commencement de ce mois (juin 1832), elle sera de retour en Angleterre avant les derniers mois de l'année, après que le chef de l'expédition se sera rendu à Temboctou pour en déterminer la position géographique.

Voilà, dans ses rapports avec les intérêts matériels, la question bien comprise par une des villes les plus manufacturières du monde. Le commerce de Liverpool a senti qu'au moment où les progrès même de notre civilisation semblent jeter dans la société européenne une cause permanente de perturbation; au moment où la consommation paraît manquer à la production, les débouchés à la fabrication; où le perfectionnement des machines, en retirant *momentanément* le travail, d'un bout de l'Europe à l'autre, à tout un peuple de prolétaires, fait fermenter au sein de nos villes des passions turbulentes, qui menacent de devenir fatales à la liberté; c'est une nécessité de chercher dans des voies nouvelles des élémens nouveaux de prospérité. Le peuple le plus spéculateur a compris que c'est là, en

Trop heureux l'écrivain, s'il peut se rendre le témoignage que ses réflexions en ont excité d'autres, et ont entretenu au profit de la civilisation de l'Afrique cet esprit de critique et d'investigation, qui caractérise si heureusement l'époque où nous vivons!

Afrique, là, qu'est désormais, pour les pays à grande fabrication, la question d'avenir la plus vitale et la plus féconde.

Mais l'exemple de Liverpool ne trouvera-t-il point en France de retentissement? Que nos hommes d'État, que nos spéculateurs arrêtent un instant leur pensée sur un fait derrière lequel tant d'avenir reste caché; qu'ils n'en méconnaissent pas la haute portée; qu'ils comprennent enfin, et ne soient pas les derniers à en profiter, que l'heure de l'Afrique est arrivée, non pour nous payer les maux que nous lui avons faits, mais pour nous sauver de notre propre décrépitude; pour donner un aliment à ce besoin d'activité qui nous dévore; pour faire consommer à ses populations cette surabondance de produits qui encombre nos villes manufacturières, et qu'il ne serait plus tems de se dissimuler aujourd'hui. Gage d'une longue sécurité, admirable Trève de Dieu, qui peut, mille ans encore, conjurer la fatalité des tems modernes, et rajeunir notre société vieillie! Envisagée du point de vue élevé où se sont placés les commerçans de Liverpool et le gouvernement anglais, la question ne saurait rester purement Africaine. Question de vie, au contraire, pour notre propre avenir, qui ne voit qu'elle sollicite les méditations, non pas seulement d'une société, toujours limitée dans ses moyens d'exécution, mais encore des gouvernemens jaloux d'ouvrir à leurs peuples les sources d'une intarissable prospérité?

FIN.

ALP. DE TERREBASSE.

HISTOIRE

DE

BAYART.

1832.

ALP. DE TERREBASSE.

HISTOIRE

DE

BAYART.

1832.

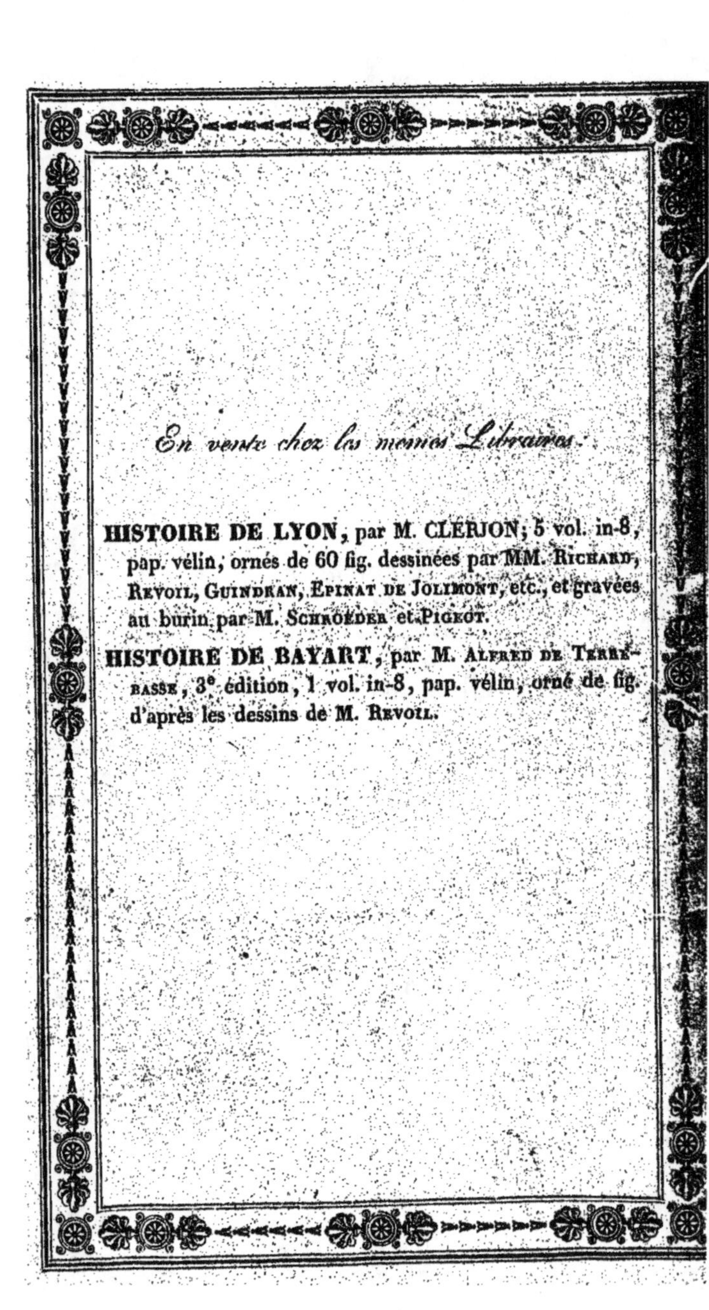